安全生产法学习百问百答

中国法制出版社

目录

第一章　安全生产法律常识

第二章 生产经营单位的安全保障

第三章 从业人员的安全生产权利义务

第四章　安全生产的监督管理

第六章 生产安全事故的应急救援与调查处理

第七章 安全生产的法律责任

第一章　安全生产法律常识

1. 什么是安全生产？

安全生产，是指在生产经营活动中，为避免发生造成人员伤害和财产损失的事故，有效消除或控制危险和有害因素而采取一系列措施，使生产过程在符合规定的条件下进行，以保证从业人员的人身安全与健康、设备和设施免受损坏、环境免遭破坏，保证生产经营活动得以顺利进行的相关活动。其中，“生产”是广义的概念，不仅包括各种产品的生产活动，也包括各类工程建设和商业、娱乐业以及其他服务业的经营活动。

2. 安全生产工作应当坚持怎样的原则和方针？

《安全生产法》第3条规定，安全生产工作坚持中国共产党的领导。安全生产工作应当以人为本，坚持人民至上、生命至上，把保护人民生命安全摆在首位，树牢安全发展理念，坚持安全第一、预防为主、综合治理的方针，从源头上防范化解重大安全风险。安全生产工作实行管行业必须管安全、管业务必须管安全、管生产经营必须管安全，强化和落实生产经营单位主体责任与政府监管责任，建立生产经营单位负责、职工参与、政府监管、行业自律和社会监督的机制。

3. 哪些单位需要遵守《安全生产法》的有关规定？

《安全生产法》适用于在中华人民共和国

领域内从事生产经营活动的单位，即一切合法或者非法从事生产经营活动的企业、事业单位和个体经济组织以及其他组织，包括国有企事业单位、集体所有制的企事业单位、股份制企业、中外合资经营企业、中外合作经营企业、外资企业、合伙企业、个人独资企业等，不论其性质如何、规模大小，只要是从事生产经营活动，都应遵守《安全生产法》的各项规定。

4. 什么是生产安全事故？

生产安全事故，是指生产经营单位在生产经营活动（包括与生产经营有关的活动）中突然发生的，伤害人身安全和健康、损坏设备设施或者造成直接经济损失，导致生产经营活动暂时中止或永远终止的意外事件。

5. 生产安全事故等级是如何划分的？

《安全生产法》第 118 条规定，本法规定的生产安全一般事故、较大事故、重大事故、特别重大事故的划分标准由国务院规定。按照国务院《生产安全事故报告和调查处理条例》的规定，根据生产安全事故造成的人员伤亡或者直接经济损失，事故一般分为四个等级：（1）特别重大事故，是指造成30人以上死亡，或者100人以上重伤（包括急性工业中毒，下同），或者1亿元以上直接经济损失的事故；（2）重大事故，是指造成10人以上30人以下死亡，或者50人以上100人以下重伤，或者5000万元以上1亿元以下直接经济损失的事故；（3）较大事故，是指造成3人以上10人以下死亡，或者10人以上50人以下重伤，或者1000万元以上5000万元以下直接经济损失的事故；（4）一般事故，是指造成3人以下死亡，或者10人以下重伤，或者1000万元以下直接经济损失的事故。但环境污染事故、核设施事故、国防科研生产事故的划分不适用上述规定。

6. 什么是安全事故隐患？

《安全生产事故隐患排查治理暂行规定》第3条规定，安全生产事故隐患，是指生产经营单位违反安全生产法律、法规、规章、标准、规程和安全生产管理制度的规定，或者因其他因素在生产经营活动中存在可能导致事故发生的物的危险状态、人的不安全行为和管理上的缺陷。

7. 安全事故隐患等级是如何划分的？

事故隐患分为一般事故隐患和重大事故隐患。一般事故隐患，是指危害和整改难度较小，发现后能够立即整改排除的隐患。重大事故隐患，是指危害和整改难度较大，应当全部或者局部停产停业，并经过一定时间整改治理方能排除的隐患，或者因外部因素影响致使生产经营单位自身难以排除的隐患。这是一般性的规定。特殊行业对重大事故隐患的界定因行业性质而有所差异，例如，煤矿安全生产重大事故隐患应当按照《国务院关于预防煤矿生产安全事故的特别规定》《煤矿重大生产安全事故隐患判定标准》的规定认定。

8. 生产经营单位承担的安全生产主体责任具体包括哪些方面？

生产经营单位承担的安全生产主体责任，是指生产经营单位在生产经营活动全过程中必须在以下方面履行义务，承担责任，接受未尽责的追究：（1）依法设置安全生产管理机构或者配备专职安全生产管理人员。（2）建立健全并落实全员安全生产责任制和安全生产规章制度，加强安全生产标准化、信息化建设。（3）具备法律、法规、规章、国家标准和行业标准规定的安全生产条件并持续改善。（4）加大对安全生产资金、物资、技术、人员的投入保障力度。（5）依法组织从业人员参加安全生产教育和培训。（6）如实告知从业人员作业场所和工作岗位存在的危险、危害因素、防范措施和事故应急措施。（7）为从业人员提供符合国家标准或行业标准的劳动防护用品，并监督、教育从业人员按照规定佩戴使用。（8）对重大危险源登记建档，定期检测、评估、监控。（9）预防和减少作业场所职业危害。（10）安全设施、设备（包括特种设备）符合安全管理的有关要求，按规定定期检测、检验。（11）依法制定生产安全事故应急救援预案，落实操作岗位应急措施。（12）组织建立并落实安全风险分级管控和隐患排查治理双重预防工作机制，健全风险防范化解机制。（13）积极采取先进的安全生产技术、设备和工艺，提高安全生产科技保障水平。（14）保证新建、改建、扩建工程项目的安全设施，必须与主体工程同时设计、同时施工、同时投入生产和使用。（15）统一协调、管理承包、承租单位安全生产工作。（16）依法参加工伤保险，为从业人员缴纳保险费；属于国家规定的高危行业、领域的，依法投保安全生产责任保险。(17)按要求上报生产安全事故，做好事故抢险救援，妥善处理对事故伤亡人员依法赔偿等事故善后工作。(18)法律、法规规定的其他安全生产责任。

9. 网约车、快递、外卖服务等新兴行业的生产经营单位如何履行安全责任?

随着平台经济的日益发展壮大，新业态下的从业人员规模巨大且还在不断壮大，新业态下的安全生产问题也更加突显。2021年修正的《安全生产法》压实了网络平台的相应责任，其中第4条规定，平台经济等新兴行业、领域的生产经营单位应当根据本行业、领域的特点，建立健全并落实全员安全生产责任制，加强从业人员安全生产教育和培训，履行本法和其他法律、法规规定的有关安全生产义务。

10. 什么是生产安全事故责任追究制度？

《安全生产法》第16条明确规定对生产安全事故实行责任追究制度。依照本法和有关法律、法规的规定，追究生产安全事故责任单位和责任人员的法律责任。具体的责任形式包括以下几种：(1)行政责任，一般分为政务处分和行政处罚。政务处分，是监察机关对违法的公职人员给予的惩戒。按照《公职人员政务处分法》的规定，政务处分的种类包括警告、记过、记大过、降级、撤职、开除等。行政处罚，是对有行政违法行为的单位或个人给予的行政制裁。按照《行政处罚法》的规定，行政处罚的种类包括警告、通报批评；罚款、没收违法所得、没收非法财物；暂扣许可证件、降低资质等级、吊销许可证件；限制开展生产经营活动、责令停产停业、责令关闭、限制从业；行政拘留；等等。(2)民事责任，这是指依照《民法典》的规定，因安全事故造成人员、他人财产损失的，生产事故责任人应当承担的赔偿责任，主要包括造成人身和财产损害两方面的责任。（3）刑事责任，这是指有依照《刑法》规定构成犯罪的严重违法行为所应承担的法律后果。《刑法》“危害公共安全罪”一章中规定了重大责任事故罪，强令、组织他人违章冒险作业罪，危险作业罪，重大劳动安全事故罪，大型群众性活动重大安全事故罪，危险物品肇事罪，工程重大事故罪，教育设施重大安全事故罪，消防责任事故罪，不报、谎报安全事故罪等罪名。

11. 什么是全员安全生产责任制？

2021 年修正的《安全生产法》第 22 条在安全生产责任制的基础上确立了“全员安全生产责任制”，强调了安全生产责任应落实到生产经营单位的各岗位责任人员。该条规定，生产经营单位的全员安全生产责任制应当明确各岗位的责任人员、责任范围和考核标准等内容。生产经营单位应当建立相应的机制，加强对全员安全生产责任制落实情况的监督考核，保证全员安全生产责任制的落实。

12. 生产经营单位能否因委托相关机构提供安全生产技术、管理服务，而减免其安全生产责任？

《安全生产法》第 15 条第 2 款特别强调，生产经营单位委托机构为安全生产提供技术、管理服务的，保证安全生产的责任仍由本单位负责。接受生产经营单位的委托后，从事安全生产服务机构与生产经营单位之间是一种委托关系。根据《民法典》的规定，在委托范围之内，受托机构的一切行为后果都由委托的生产经营单位承担。生产经营单位委托相关机构为其安全生产提供技术、管理服务，属于单位内部安全生产管理的一种方式，对生产经营单位的安全生产责任本身没有任何影响，其安全生产责任并不因为委托相关机构就减轻或者免除。

第二章　生产经营单位的安全保障

13. 与一般单位相比，生产经营单位需要具备哪些安全生产条件?

根据《安全生产法》第24、31、35、41、42、43、47条的规定，生产经营单位需要具备以下安全生产条件:（1）矿山、金属冶炼、建筑施工、运输单位和危险物品的生产、经营、储存、装卸单位应当设置安全生产管理机构或者配备专职安全生产管理人员。其他生产经营单位，从业人员超过100人的，应当设置安全生产管理机构或者配备专职安全生产管理人员；从业人员在100人以下的，应当配备专职或者兼职的安全生产管理人员。（2）生产经营单位新建、改建、扩建工程项目的安全设施，必须与主体工程同时设计、同时施工、同时投入生产和使用。（3）生产经营单位应当在有较大危险因素的生产经营场所和有关设施、设备上，设置明显的安全警示标志。（4）生产经营单位应当建立安全风险分级管控制度，按安全风险分级采取相应的管控措施，还应当建立健全并落实生产安全事故隐患排查治理制度，采取技术、管理措施，及时发现并消除事故隐患。（5）生产经营单位进行爆破、吊装、动火、临时用电以及国务院应急管理部门会同国务院有关部门规定的其他危险作业，应当安排专门人员进行现场安全管理，确保操作规程的遵守和安全措施的落实。（6）生产经营场所和员工宿舍应当设置符合紧急疏散要求，标志明显、保持畅通的出口，禁止占用、锁闭、封堵生产经营场所或者员工宿舍的出口、疏散通道。（7）生产经营单位应当安排用于配备劳动防护用品、进行安全生产培训的经费等。

14. 哪些企业需要取得安全生产许可证，才能从事生产活动？

《安全生产许可证条例》第2条规定，国家对矿山企业、建筑施工企业和危险化学品、烟花爆竹、民用爆炸物品生产企业实行安全生产许可制度。企业未取得安全生产许可证的，不得从事生产活动。

15. 生产经营单位应当如何排查安全事故隐患？

《安全生产法》第25条规定，生产经营单位的安全生产管理机构以及安全生产管理人员应当检查本单位的安全生产状况，及时排查生产安全事故隐患，提出改进安全生产管理的建议。第41条规定，生产经营单位应当建立健全并落实生产安全事故隐患排查治理制度，采取技术、管理措施，及时发现并消除事故隐患。事故隐患排查治理情况应当如实记录，并通过职工代表大会或者职工大会、信息公示栏等方式向从业人员通报。其中，重大事故隐患排查治理情况应当及时向负有安全生产监督管理职责的部门和职工代表大会或者职工大会报告。第46条规定，生产经营单位的安全生产管理人员在检查中发现重大事故隐患，应当向本单位有关负责人报告，有关负责人不及时处理的，安全生产管理人员可以向主管的负有安全生产监督管理职责的部门报告，接到报告的部门应当依法及时处理。

16. 安全生产管理人员会因依法履行职责而被降低工资待遇甚至解雇吗？

为防止安全生产管理人员因履行职责而遭到打击报复，《安全生产法》第26条禁止生产经营单位因安全生产管理人员依法履行职责而降低其工资、福利等待遇或者解除与其订立的劳动合同。

17. 生产经营单位的主要负责人和安全生产管理人员应具备何种知识和能力？

生产经营单位的主要负责人要组织、领导本单位的安全生产管理工作，这就要求其必须具备与本单位所从事的生产经营活动相应的安全生产知识，同时具有领导安全生产工作和处理生产安全事故的能力。此外，危险物品的生产、经营、储存、装卸单位以及矿山、金属冶炼、建筑施工、运输单位的主要负责人和安全生产管理人员，还应当由主管的负有安全生产监督管理职责的部门对其安全生产知识和管理能力考核合格。

18. 生产经营单位的主要负责人如何对本单位安全生产工作负责？

《安全生产法》第5条规定，生产经营单位的主要负责人是本单位安全生产第一责任人，对本单位的安全生产工作全面负责。其他负责人对职责范围内的安全生产工作负责。第 21 条规定，生产经营单位的主要负责人对本单位安全生产工作负有下列职责:（1）建立健全并落实本单位全员安全生产责任制，加强安全生产标准化建设;（2）组织制定并实施本单位安全生产规章制度和操作规程;（3）组织制定并实施本单位安全生产教育和培训计划;（4）保证本单位安全生产投入的有效实施;（5）组织建立并落实安全风险分级管控和隐患排查治理双重预防工作机制，督促、检查本单位的安全生产工作，及时消除生产安全事故隐患;（6）组织制定并实施本单位的生产安全事故应急救援预案;（7）及时、如实报告生产安全事故。为了让生产经营单位的主要负责人更好地履行职责，该法第 25 条规定，生产经营单位可以设置专职安全生产分管负责人，协助本单位主要负责人履行安全生产管理职责。

19. 未掌握安全操作技能的从业人员可以上岗作业吗?

《安全生产法》第 28 条规定，生产经营单位应当对从业人员进行安全生产教育和培训，保证从业人员具备必要的安全生产知识，熟悉有关的安全生产规章制度和安全操作规程，掌握本岗位的安全操作技能，了解事故应急处理措施，知悉自身在安全生产方面的权利和义务。未经安全生产教育和培训合格的从业人员，不得上岗作业。生产经营单位使用被派遣劳动者的，同样应当对被派遣劳动者进行岗位安全操作规程和安全操作技能的教育和培训。劳务派遣单位也应当对被派遣劳动者进行必要的安全生产教育和培训。第 30 条规定，生产经营单位的特种作业人员必须按照国家有关规定经专门的安全作业培训，取得相应资格，方可上岗作业。

20. 生产经营单位采用新工艺、新技术、新材料或者使用新设备时，是否应当对从业人员进行相关培训?

《安全生产法》第29条规定，生产经营单位采用新工艺、新技术、新材料或者使用新设备，必须了解、掌握其安全技术特性，采取有效的安全防护措施，并对从业人员进行专门的安全生产教育和培训。通过培训可以使从业人员掌握相关的安全规章制度和安全操作规程，具备必要的安全生产知识和安全操作技能。这既是对从业人员知情权的保障，也是保障生产安全的一项重要措施。

21. 建设项目安全设施的设计人、设计单位要对安全设施负责吗?

《安全生产法》第33条规定，建设项目安全设施的设计人、设计单位应当对安全设施设计负责。矿山、金属冶炼建设项目和用于生产、储存、装卸危险物品的建设项目的安全设施设计应当按照国家有关规定报经有关部门审查，审查部门及其负责审查的人员对审查结果负责。可见，设计人、设计单位应对因安全设施问题造成的后果负责。因安全设施设计给生产经营单位造成损失的，应当承担赔偿责任；造成生产安全事故的，还应承担相应的行政责任；造成严重后果，构成犯罪的，依法承担刑事责任。

22. 施工单位应当如何进行施工管理？

建设项目在施工过程中，施工单位应当严把施工质量关，做好施工的各项质量控制与管理工作，严格按照批准的设计文件和技术标准进行施工。一般来讲，施工单位应当围绕以下主要方面进行施工管理：（1）安全设施的施工必须按照设计编制施工组织设计或方案，否则不准开工；（2）开工前必须编制分工计划，逐级向下进行施工组织设计交底，同时进行对有关部门和专业人员的横向交底，并有相应的交底记录；（3）加强施工全过程控制，分别对基础施工、结构施工和装修三个阶段，进行施工组织设计实施情况的中间检查；（4）工程完成时，必须及时按原安全设施设计作出技术总结，并上报原审批单位。

23. 哪些项目竣工投入生产或者使用前应当验收？如何进行验收？

《安全生产法》第 34 条规定，矿山、金属冶炼建设项目和用于生产、储存、装卸危险物品的建设项目竣工投入生产或者使用前，应当由建设单位负责组织对安全设施进行验收；验收合格后，方可投入生产和使用。验收的内容主要包括安全设施是否与主体工程同时建成，是否严格按照批准的设施进行施工，工程质量是否符合法律、法规、安全规程和技术标准的要求等。建设单位必须认真负责，严格按照有关规定对其安全设施进行验收。对于未经验收或者经验收但不合格的安全设施，建设单位不得将其投入生产和使用。否则，建设单位将依法承担相应的法律责任。同时，为了促使建设单位按标准认真做好验收工作，负有安全生产监督管理职责的部门应当加强对验收活动和验收结果的监督核查，包括对有关重要项目或重要部位进行现场检查，以及对验收结果进行核实。

24. 生产经营单位应当如何对安全设备进行管理、维护？

《安全生产法》第36条规定，安全设备的设计、制造、安装、使用、检测、维修、改造和报废，应当符合国家标准或者行业标准。生产经营单位必须对安全设备进行经常性维护、保养，并定期检测，保证正常运转。维护、保养、检测应当作好记录，并由有关人员签字。生产经营单位不得关闭、破坏直接关系生产安全的监控、报警、防护、救生设备、设施，或者篡改、隐瞒、销毁其相关数据、信息。餐饮等行业的生产经营单位使用燃气的，应当安装可燃气体报警装置，并保障其正常使用。

25. 生产经营单位使用的危险物品的容器、运输工具以及特种设备投入使用需要具备哪些条件?

根据《安全生产法》第 37 条的规定，危险物品的容器、运输工具和涉及人身安全、危险性较大的海洋石油开采特种设备和矿山井下特种设备危险性较大，与其他生产经营所使用的工具有较大的区别，一般实行特殊管理，在生产、检测、检验方面都有更为严格的要求，需要由专业的生产单位进行生产，并且在投入使用前，必须经专业资质的机构检测、检验合格。目前，从事危险物品的容器、运输工具检测、检验的机构，由国务院质量监督检验检疫部门认定。检测、检验机构，按照规定的技术标准和要求进行检测、检验，提出科学、客观的结论，并且应当出具专业检测、检验证明或报告。检测、检验合格的，发给安全使用证或者安全标志；不合格的，不得发给安全使用证或者安全标志。

26. 生产经营单位生产、经营、运输、储存、使用危险物品或者处置废弃危险物品，应当履行哪些义务？

根据《安全生产法》第29条的规定，生产经营单位生产、经营、运输、储存、使用危险物品或者处置废弃危险物品，应当履行以下义务：（1）执行有关法律、法规和国家标准或者行业标准。（2）建立专门的安全管理制度，比如，按照有关行政法规的规定，民用爆炸物品从业单位（包括生产、销售、爆破等企业）应当建立安全管理制度、岗位安全责任制度，制订安全防范措施和事故应急预案，设置安全管理机构或者配备专职安全管理人员。（3）采取可靠的安全措施，比如，生产、储存危险化学品的单位，应当根据其生产、储存的危险化学品的种类和危险特性，在作业场所设置相应的监测、监控、通风、防晒、调温、防火、灭火、防爆、泄压、防毒、中和、防潮、防雷、防静电、防腐、防泄漏以及防护围堤或者隔离操作等安全设施、设备，并在其作业场所和安全设施、设备上设置明显的安全警示标志。

（4）接受有关主管部门依法实施的监督管理。

27. 什么是危险物品？

《安全生产法》第117条规定，危险物品，是指易燃易爆物品、危险化学品、放射性物品等能够危及人身安全和财产安全的物品。

28. 什么是重大危险源？

《安全生产法》第117条规定，重大危险源是指长期地或者临时地生产、搬运、使用或者储存危险物品，且危险物品的数量等于或者超过临界量的单元（包括场所和设施）。重大危险源是由危险物品组成的集合体。

29. 生产经营单位应如何管理重大危险源？

根据《安全生产法》第40条的规定，生产经营单位对重大危险源应当严格管理，采取有效的防护措施，定期检查，防止生产安全事故的发生，具体措施包括：（1）对重大危险源登记建档。（2）定期检测、评估、监控。（3）制定应急预案，告知从业人员和相关人员在紧急情况下应当采取的应急措施。（4）按照国家有关规定将本单位重大危险源及有关安全措施、应急措施报有关地方人民政府应急管理部门和有关部门备案。

30. 生产经营单位应当如何建立安全风险分级管控和隐患排查治理双重预防机制？

《安全生产法》第41条规定，生产经营单

位应当建立安全风险分级管控制度，按照安全风险分级采取相应的管控措施。生产经营单位应当建立健全并落实生产安全事故隐患排查治理制度，采取技术、管理措施，及时发现并消除事故隐患。事故隐患排查治理情况应当如实记录，并通过职工大会或者职工代表大会、信息公示栏等方式向从业人员通报。其中，重大事故隐患排查治理情况应当及时向负有安全生产监督管理职责的部门和职工大会或者职工代表大会报告。

31. 生产经营单位的员工宿舍应注意哪些安全管理事项？

《安全生产法》第42条规定，生产、经营、储存、使用危险物品的车间、商店、仓库与员工宿舍不得在同一座建筑物内，并应当与员工宿舍保持安全距离。所谓安全距离，是指达到这个距离的要求，即使发生事故，也不致损害宿舍内员工的人身安全。此外，生产经营场所和员工宿舍应当设有符合紧急疏散要求、标志明显、保持畅通的出口、疏散通道。禁止占用、锁闭、封堵生产经营场所或者员工宿舍的出口、疏散通道。

32. 生产经营单位应当如何教育、管理从业人员？

《安全生产法》第44条规定，生产经营单位应当教育和督促从业人员严格执行本单位的安全生产规章制度和安全操作规程；并向从业人员如实告知作业场所和工作岗位存在的危险因素、防范措施以及事故应急措施。此外，生产经营单位还应当关注从业人员的身体、心理状况和行为习惯，加强对从业人员的心理疏导、精神慰藉，严格落实岗位安全生产责任，防范从业人员行为异常导致事故发生。第45条规定，生产经营单位必须为从业人员提供符合国家标准或者行业标准的劳动防护用品，并监督、教育从业人员按照使用规则佩戴、使用。

33. 生产经营单位的安全管理人员如何对本单位的安全生产状况进行检查？

《安全生产法》第46条规定，生产经营单位的安全生产管理人员应当根据本单位的生产经营特点，对安全生产状况进行经常性检查。一般来说，安全检查主要涉及安全生产规章制度是否健全、完善，安全设备、设施是否处于正常的运行状态，从业人员是否具备应有的安全知识和操作技能，从业人员在工作中是否严格遵守安全生产规章制度和操作规程，从业人员的劳动防护用品是否符合标准以及是否有其他事故隐患等。

34. 生产经营单位的安全管理人员在检查中发现安全问题的，应当如何处理？

根据《安全生产法》第46条的规定，生产经营单位的安全生产管理人员在对本单位的安全生产状况进行检查的过程中，发现存在的安全问题，可以处理的，应当立即采取措施进行处理，如发现劳动者没有穿戴安全防护措施，应当立即要求其改正。对于不能当场处理的安全问题，如安全设施不合格，需要改建等，应该及时将这一情况报告本单位的主要负责人或者是主管安全生产工作的其他负责人，报告应当包括安全问题发现的时间、具体情况以及如何解决等内容。有关负责人在接到报告后，应当及时处理。

生产经营单位的安全生产管理人员还应当将安全检查的情况，包括检查的时间、范围、内容，发现的问题及其处理情况等都详细地记录在案，记入本单位的安全生产档案，作为日后完善相关制度的参考或者在发生事故时作为调查事故原因的依据等。

35. 生产经营单位的安全管理人员在检查中发现重大事故隐患，应当如何处理？

生产经营单位的安全生产管理人员在检查

中发现重大事故隐患，应当及时向本单位主要负责人或者主管安全生产工作的其他负责人报告，有关负责人接到报告后，不及时处理的，安全生产管理人员可以向主管的负有安全生产监督管理职责的部门报告，接到报告的部门应当依法及时处理。

36. 两个以上生产经营单位在同一作业区域内进行生产经营活动的，应该如何进行安全生产方面的协作？

两个以上生产经营单位在同一作业区域内进行生产经营活动，可能危及对方生产安全的，应当进行安全生产方面的协作。协作的主要形式是签订并执行安全生产管理协议。各单位应当通过安全生产管理协议互相告知本单位生产的特点、作业场所存在的危险因素、防范措施以及事故应急措施，以使各个单位对该作业区域的安全生产状况有一个整体上的把握。同时，各单位还应当在安全生产管理协议中明确各自的安全生产管理职责和应当采取的安全措施，做到职责清楚，分工明确。为了使安全生产管理协议真正得到贯彻，保证作业区域内的生产安全，各生产经营单位还应当指定专职的安全生产管理人员对作业区域内的安全生产状况进行检查，对检查中发现的安全生产问题及时进行协调、解决。

37. 生产经营单位进行项目、场所、设备发包或者出租时，必须遵守哪些安全保障规定？

《安全生产法》第 49 条规定，生产经营单位不得将生产经营项目、场所、设备发包或者出租给不具备安全生产条件或者相应资质的单位或者个人。生产经营项目、场所发包或者出租给其他单位的，生产经营单位应当与承包单位、承租单位签订专门的安全生产管理协议，或者在承包合同、租赁合同中约定各自的安全生产管理职责；生产经营单位对承包单位、承租单位的安全生产工作统一协调、管理，定期进行安全检查，发现安全问题的，应当及时督促整改。

需要注意的是，矿山、金属冶炼建设项目和用于生产、储存、装卸危险物品的建设项目的施工单位应当加强对施工项目的安全管理，不得倒卖、出租、出借、挂靠或者以其他形式非法转让施工资质，不得将其承包的全部建设工程转包给第三人或者将其承包的全部建设工程支解以后以分包的名义分别转包给第三人，不得将工程分包给不具备相应资质条件的单位。

38. 生产经营项目、场所发包或者出租给其他单位的，生产经营单位与承包单位、承租单位分别承担何种安全生产责任?

生产经营项目、场所有多个承包单位、承租单位的，生产经营单位应当与承包单位、承租单位对安全生产管理方面的问题作出约定，就各自在安全生产管理中权利、义务以及事故发生时的责任承担等问题进行协商确定。约定的方式主要有两种:（1）签订专门的安全生产管理协议;（2）不签订专门的协议而是在承包合同、承租合同中对各自的安全生产管理职责进行约定。

生产经营单位与承包单位、承租单位在安全生产管理方面的决定，只对约定双方有约束力，不具有对外效力。也就是说，生产经营单位不能因为有了约定而减轻自己在安全生产方面的责任，生产经营单位应对该项目、场所的安全生产全面负责。生产经营单位对承包单位、承租单位的安全生产工作统一协调、管理，还要定期进行安全检查，发现安全问题的，应当及时督促整改。如果该生产经营项目、场所有违反法律、行政法规关于安全生产的管理规定的行为，应由生产经营单位承担相应的责任；如果发生了生产安全事故，生产经营单位应承担相应的责任。生产经营单位在承担了相应的责任后，可以根据安全生产管理协议的约定，追究承包单位、承租单位的责任。

39. 生产经营单位参加工伤保险后，是否应当投保安全生产责任保险？

安全生产责任保险是以生产经营过程中因发生意外事故，造成人身伤亡或财产损失，依法应由生产经营单位承担的经济赔偿责任为保险标的，保险公司按相关保险条款的约定对保险人以外的第三者进行赔偿的责任保险。《安全生产法》第 51 条规定，生产经营单位必须依法参加工伤保险，为从业人员缴纳保险费。国家鼓励生产经营单位投保安全生产责任保险；属于国家规定的高危行业、领域的生产经营单位，应当投保安全生产责任保险。由此可见，对于一般行业的安全生产，安全生产责任保险是非强制性商业保险；而对于高危行业、领域，安全生产责任保险是强制性商业保险。

40. 安全生产责任保险与工伤保险有什么区别？

安全生产责任保险与工伤保险最本质的区别体现在责任范围方面，其与工伤保险的区别主要有以下五点：（1）只承担死亡与伤残的费用，而不承担住院医疗费用；（2）安全生产责任保险承担企业造成的第三者伤亡的赔付，这是其相较于工伤保险的最大优势；（3）承保的是因企业业主未能尽其法定义务，因过失或疏忽而产生的经济赔偿责任，即责任事故，对其他非因生产安全事故等导致的不属于保险责任范围内的损失和费用不负责赔偿；（4）承保企业应付索赔人的诉讼费用以及经保险公司书面同意负责的诉讼费用及其他费用；（5）赔偿金直接一次性交给企业（最终落实到职工身上）。

第三章　从业人员的安全生产权利义务

41. 生产经营单位与从业人员订立的劳动合同应该载明哪些事项?

根据《劳动法》第16条、第19条，以及《劳动合同法》第8条的规定，劳动合同是劳动者与用人单位确立劳动关系，明确双方权利和义务的协议。在此协议中必须具备以下条款:（1）劳动合同期限;（2）工作内容、工作地点、职业危害、安全生产状况;（3）劳动保护和劳动条件;（4）劳动报酬;（5）劳动纪律;（6）劳动合同终止的条件;（7）违反劳动合同的责任。

此外，《安全生产法》第52条规定，生产经营单位与从业人员订立的劳动合同，应当载明有关保障从业人员劳动安全、防止职业危害的事项，以及依法为从业人员办理工伤保险的事项。生产经营单位不得以任何形式与从业人员订立协议，免除或者减轻其对从业人员因生产安全事故伤亡依法应承担的责任。

42. 生产经营单位的从业人员享有哪些安全生产方面的权利？

根据《安全生产法》第28、45、53—56条的规定，生产经营单位的从业人员享有的安全生产保障权利主要包括：（1）知情权，即有权了解作业场所和工作岗位存在的危险因素、防范措施及事故应急措施。（2）获得安全生产教育和技能培训的权利。（3）获得符合国家标准或行业标准的劳动防护用品的权利。（4）建议、批评、检举、控告权。从业人员有权对本单位安全生产管理工作存在的问题提出建议、批评、检举、控告，生产经营单位不得因此作出对从业人员不利的处分。（5）拒绝权。对管理者作出的可能危及安全的违章指挥、强令冒险作业，有权拒绝执行，并不得因此受到对自己不利的处分。（5）紧急情况处置权。从业人员发现直接危及人身安全的紧急情况时，有权停止作业或者在采取紧急措施后撤离作业场所，并不得因此受到对自己不利的处分。（6）在发生生产安全事故后，有获得及时抢救和医疗救治并依法获得赔偿的权利等。

43. 从业人员在什么情况下可以行使紧急撤离权？

《安全生产法》第55条规定，从业人员发现直接危及人身安全的紧急情况时，有权停止作业或者在采取可能的应急措施后撤离作业场所。生产经营单位不得因从业人员在紧急情况下停止作业或者采取紧急撤离措施而降低其工资、福利等待遇或者解除与其订立的劳动合同。可见，从业人员行使紧急撤离权，不要求从业人员应当在采取可能的应急措施后或者在征得有关负责人员同意后撤离作业场所。当然，在条件允许的情况下，从业人员可以事先报告或者采取可能的应急措施后再撤离作业场所。

44. 因用人单位以外的第三人侵权造成劳动者人身损害构成工伤的，劳动者在获得工伤保险赔偿后，是否仍有权向第三人请求人身侵权赔偿？

因用人单位以外的第三人侵权造成劳动者人身损害，构成工伤的，该劳动者既是工伤事故中的受伤职工，又是侵权行为的受害人，有权同时获得工伤保险赔偿和人身侵权赔偿；用人单位和侵权人均应当依法承担各自所负的赔偿责任，即使该劳动者已从其中一方先行获得赔偿，亦不能免除或者减轻另一方的赔偿责任。

45. 生产经营单位的从业人员应当履行哪些安全生产方面的义务？

根据《安全生产法》第 57—59 条的规定，

从业人员在享有获得安全生产保障权利的同时，也负有以自己的行为保证安全生产的义务，主要包括：(1) 在作业过程中严格落实岗位安全责任，遵守本单位的安全生产规章制度和操作规程，服从管理，正确佩戴和使用劳动防护用品。(2) 接受安全生产教育和培训，掌握本职工作所需要的安全生产知识，提高安全生产技能，增强事故预防和应急处理能力。(3) 发现事故隐患或者其他不安全因素，应当立即向现场安全生产管理人员或者本单位负责人报告。

46. 对于被派遣劳动者，用工单位应当履行哪些义务？

《劳动合同法》第 62 条规定，对于被派遣劳动者用工单位应当履行下列义务：(1) 执行国家劳动标准，提供相应的劳动条件和劳动保护；(2) 告知被派遣劳动者的工作要求和劳动报酬；(3) 支付加班费、绩效奖金，提供与工作岗位相关的福利待遇；(4) 对在岗被派遣劳动者进行工作岗位所必需的培训；（5）连续用工的，实行正常的工资调整机制。用工单位不得将被派遣劳动者再派遣到其他用人单位。有关法规也对被派遣劳动者的使用作出明确规定。如《国务院办公厅关于进一步加强煤矿安全生产工作的意见》规定，要规范煤矿劳动用工管理。在一定区域内，加强煤矿企业招工信息服务，统一组织报名和资格审查、统一考核、统一签订劳动合同和办理用工备案、统一参加社会保险、统一依法使用劳务派遣用工，并加强监管。

47. 就安全生产而言，被派遣劳动者享有哪些权利，应承担哪些义务？

《安全生产法》第61条规定，生产经营单位使用被派遣劳动者的，被派遣劳动者享有本法规定的从业人员的权利，并应当履行本法规定的从业人员的义务。

第四章　安全生产的监督管理

48. 什么是安全生产监督？

根据《安全生产法》第 62、71、72、74、75、77 条的规定，安全生产监督主要包括以下 7 个方面内容：

（1）县级以上地方人民政府的监督。县级以上地方各级人民政府应当根据本行政区域内的安全生产状况，组织有关部门按照职责分工，对本行政区域内容易发生重大生产安全事故的生产经营单位进行严格检查。

（2）应急管理部门的监督。应急管理部门应当按照分类分级监督管理的要求，制定安全生产年度监督检查计划，并按照年度监督检查计划进行监督检查，发现事故隐患，应当及时处理。

（3）监察机关的监督。监察机关依照《监察法》的规定，对负有安全生产监督管理职责的部门及其工作人员履行安全生产监督管理职责实施监察。

（4）社会中介机构的监督。承担安全评价、认证、检测、检验职责的机构应当具备国家规定的资质条件，并对其作出的安全评价、认证、检测、检验结果的合法性、真实性负责。

（5）社会公众的监督。任何单位或者个人对事故隐患或者安全生产违法行为，均有权向负有安全生产监督管理职责的部门报告或者举报。

（6）基层群众性自治组织的监督。居民委员会、村民委员会发现其所在区域内的生产经营单位存在事故隐患或者安全生产违法行为时，应当向当地人民政府或者有关部门报告。

（7）新闻媒体的监督。新闻、出版、广播、电影、电视等单位有进行安全生产公益宣传教育的义务，有对违反安全生产法律、法规的行为进行舆论监督的权利。

49. 县级以上地方各级人民政府应当如何组织有关部门开展安全生产监督检查？

县级以上地方各级人民政府在安全生产监督管理方面应当按照下列要求组织有关部门开展安全生产监督检查：

（1）全面了解掌握本行政区域安全生产状况。县级以上地方各级人民政府应当根据本行政区域生产经营活动的特点、分布区域、人员结构等情况，分析可能发生生产安全事故的途径、危害程度以及影响范围。

（2）按照各有关部门的职责分工组织安全检查。《安全生产法》第 10 条对应急管理部门和其他有关部门的安全生产监督管理职责作出了明确规定，县级以上地方各级人民政府应当根据有关部门的职责分工，组织相应行业、领域的安全检查，有关部门应当根据政府的组织安排，依照法律、法规的规定进行安全检查。

（3）确定安全检查重点。县级以上地方人

民政府应当在调查研究的基础上，确定本行政区域内容易发生重大生产安全事故的生产经营单位。

（4）检查必须严格，禁止搞形式，走过场。应当严格按照有关法律、法规、规章和有关国家标准、行业标准的规定进行检查，做到“全覆盖、零容忍、严执法、重实效”，真正做到严格执法。

50. 应急管理部门履行监督检查职责，应当采取哪些措施？

根据《安全生产法》第62条第2款的规定，应急管理部门履行监督检查职责，应当采取下列措施：（1）对生产经营单位进行分类分级监督管理。分类，是指根据生产经营单位危险性质的不同，划分不同的行业或者领域类别。分级，是指根据生产经营单位存在的可能引发生产安全事故的风险程度，对其进行等级评估，确定事故风险等级。（2）制定安全生产年度监督检查计划，并按照计划实施监督检查。应急管理部门应当根据本部门执法人员的数量、装备配备、执法区域的范围和生产经营单位的数量、分布、生产规模以及安全生产状况等因素科学、合理制定年度监督检查计划。监督检查计划应当包括检查的生产经营单位数量和频次、检查的方式、重点等内容，并落实到本部门内设责任机构及人员。

51. 安全生产事项的审批如何进行?

《安全生产法》第 63 条规定，负有安全生产监督管理职责的部门依照有关法律、法规的规定，对涉及安全生产的事项需要审查批准（包括批准、核准、许可、注册、认证、颁发证照等）或者验收的，必须严格依照有关法律、法规和国家标准或者行业标准规定的安全生产条件和程序进行审查；不符合有关法律、法规和国家标准或者行业标准规定的安全生产条件的，不得批准或者验收通过。对未依法取得批准或者验收合格的单位擅自从事有关活动的，负责行政审批的部门发现或者接到举报后应当立即予以取缔，并依法予以处理。对已经依法取得批准的单位，负责行政审批的部门发现其不再具备安全生产条件的，应当撤销原批准。

52. 在安全生产监督检查中，应急管理部门和其他负有安全生产监督管理职责的部门应当行使哪些职权？

《安全生产法》第 65 条规定，在安全生产监督检查中应急管理部门和其他负有安全生产监督管理职责的部门应当行使下列职权：

一是现场调查取证。包括：（1）进入生产经营单位进行现场检查。（2）向被检查单位调阅与监督检查有关的资料。（3）向有关人员了解相关情况。

二是现场处理。包括：（1）对监督检查中发现的安全生产违法行为，当场予以纠正或者要求限期改正。（2）责令排除事故隐患，对现场监督检查中发现的事故隐患，责令被检查单位采取有效措施，立即予以排除。（3）检查中发现的事故隐患属于重大隐患，在隐患排除前或者排除过程中不能保证人员安全的，应当责令从危险区域撤出作业人员，责令暂时停产停业，或者停止使用存在重大事故隐患的相关设施、设备。重大事故隐患被排除后，经审查同意，生产经营单位才能恢复有关的生产经营活动或者恢复有关设施、设备的使用。

三是作出行政处罚。对检查中发现的安全生产违法行为，依照有关法律法规应当予以处罚的，依法作出行政处罚决定。

四是采取行政强制措施。对有根据认为不符合保障安全生产的国家标准或者行业标准的设施、设备、器材以及违法生产、储存、使用、经营、运输的危险物品予以查封或者扣押，对违法生产、储存、使用、经营危险物品的作业场所予以查封，并依法作出处理决定。

53. 被检查单位可以以监督检查会影响生产经营活动为由不配合检查吗?

《安全生产法》第 65 条第 2 款规定:“监督检查不得影响被检查单位的正常生产经营活动”。这里的“正常生产经营活动”是指,没有违反安全生产要求、履行了安全生产义务的生产经营活动。而对于在检查中发现的违法行为,事故隐患,不符合保障安全生产的国家标准或者行业标准的设施、设备、器材,违法生产、储存、使用、经营、运输的危险物品,违法生产、储存、使用、经营危险物品的作业场所,分别采取当场纠正或者要求限期改正,责令立即排除,责令暂时停产停业或者停止使用相关设施、设备,查封或者扣押等措施,不属于影响正常生产经营活动。生产经营单位不得以此为借口,拒绝、阻挠职能部门的监督检查。

54. 生产经营单位拒不执行停产停业决定的，负有安全生产监督管理职责的部门可以采取强制措施吗？

《安全生产法》第 70 条规定，负有安全生产监督管理职责的部门依法对存在重大事故隐患的生产经营单位作出停产停业、停止施工、停止使用相关设施或者设备的决定，生产经营单位应当依法执行，及时消除事故隐患。生产经营单位拒不执行，有发生生产安全事故的现实危险的，在保证安全的前提下，经本部门主要负责人批准，负有安全生产监督管理职责的部门可以采取通知有关单位停止供电、停止供应民用爆炸物品等措施，强制生产经营单位履行决定。通知应当采用书面形式，有关单位应当予以配合。不过应当注意的是，负有安全生产监督管理职责的部门依照前述规定采取停止供电措施，除有危及生产安全的紧急情形外，应当提前 24 小时通知生产经营单位。生产经营单位依法履行行政决定、采取相应措施消除事故隐患的，负有安全生产监督管理职责的部门应当及时解除前述规定的措施。

55. 负有安全生产监督管理职责的部门应当如何建立举报制度？

《安全生产法》第 73 条规定，负有安全生产监督管理职责的部门应当建立举报制度，公开举报电话、信箱或者电子邮件地址等网络举报平台，受理有关安全生产的举报；受理的举报事项经调查核实后，应当形成书面材料；需要落实整改措施的，报经有关负责人签字并督促落实。对不属于本部门职责，需要由其他有关部门进行调查处理的，转交其他有关部门处理。涉及人员死亡的举报事项，应当由县级以上人民政府组织核查处理。

56. 如何向有关部门举报事故隐患或者安全生产违法行为?

《安全生产法》第 74 条规定，任何单位或者个人对事故隐患或者安全生产违法行为，均有权向负有安全生产监督管理职责的部门报告或者举报。具体而言，可以向下列部门进行举报：

（1）应急管理部门。应急管理部门是安全生产工作的综合监督管理部门，根据《安全生产法》第 10 条第 1 款的规定，国务院应急管理部门依照本法，对全国安全生产工作实施综合监督管理；县级以上地方各级人民政府应急管理部门依照本法，对本行政区域内安全生产工作实施综合监督管理。根据上述规定，任何单位和个人可以向应急管理部门举报事故隐患或者安全生产违法行为。

（2）应急管理部门以外的其他负有安全生产监督管理职责的部门。根据《安全生产法》第 10 条第 2 款的规定，国务院交通运输、住房城乡建设、水利、民航等有关部门依照本法和其他有关法律、行政法规的规定，在各自的职责范围内对有关行业、领域的安全生产工作实施监督管理；县级以上地方各级人民政府有关部门依照本法和其他有关法律、法规的规定，在各自的职责范围内对有关行业、领域的安全生产工作实施监督管理。对新兴行业、领域的安全生产监督管理职责不明确的，由县级以上地方各级人民政府按照业务相近的原则确定监督管理部门。

（3）监察机关。《监察法》第3条规定，各级监察委员会是行使国家监察职能的专责机关，依照本法对所有行使公权力的公职人员进行监察。因此，对于各级地方人民政府、应急管理部门和其他负有安全生产监督管理职责的部门及其工作人员在安全生产监督管理过程中或者在事故报告和调查处理中有职务违法和职务犯罪的，任何单位和个人都可以向有关监察委员会举报。

57. 人民检察院可以对安全生产事故提起公益诉讼吗?

2021 年修正的《安全生产法》第 74 条增加规定了安全生产领域公益诉讼制度，因安全生产违法行为造成重大事故隐患或者导致重大事故，致使国家利益或者社会公共利益受到侵害的，人民检察院可以根据《民事诉讼法》《行政诉讼法》的相关规定提起公益诉讼。

58. 工会应该如何履行其对安全生产工作的监督职责?

(1)《安全生产法》第 7 条规定，生产经营单位的工会依法组织职工参加本单位安全生产工作的民主管理和民主监督，维护职工在安全生产方面的合法权益。生产经营单位制定或者修改有关安全生产的规章制度，应当听取工会的意见。企业、事业单位违反安全生产法律、法规规定，不提供劳动安全卫生条件，侵犯从业人员合法权益的，工会应当代表职工与企业、事业单位交涉，要求企业、事业单位采取措施予以改正；企业、事业单位拒不改正的，工会可以请求当地人民政府依法作出处理。

（2）工会有权对建设项目的安全设施与主体工程同时设计、同时施工、同时投入生产和使用进行监督，提出意见。工会发现企业违章指挥、强令冒险作业，或者生产过程中发现事故隐患和职业危害，有权提出解决的建议；发现危及职工生命安全的情况时，工会有权向企业建议组织职工撤离危险现场。

（3）职工因工伤亡事故和其他严重危害职工健康问题的调查处理，必须有工会参加，工会应当向有关部门提出处理意见，并要求追究有关人员的责任。

59. 如何建立安全生产违法行为信息通报制度，采取联合惩戒措施？

《安全生产法》第 78 条规定，负有安全生产监督管理职责的部门应当建立安全生产违法行为信息库，如实记录生产经营单位及其有关从业人员的安全生产违法行为信息；对违法行为情节严重的生产经营单位及其有关从业人员，应当及时向社会公告，并通报行业主管部门、投资主管部门、自然资源主管部门、生态环境主管部门、证券监督管理机构以及有关金融机构。有关部门和机构应当对存在失信行为的生产经营单位及其有关从业人员采取加大执法检查频次、暂停项目审批、上调有关保险费率、行业或者职业禁入等联合惩戒措施，并向社会公示。

负有安全生产监督管理职责的部门应当加强对生产经营单位行政处罚信息的及时归集、共享、应用和公开，对生产经营单位作出处罚决定后七个工作日内在监督管理部门公示系统予以公开曝光，强化对违法失信生产经营单位及其有关从业人员的社会监督，提高全社会安全生产诚信水平。

第五章 安全生产服务中介机构的权利和义务

60. 什么是安全生产服务中介机构？

安全生产服务中介机构是依法设立的向社会开放的，接受生产经营单位或者负有安全生产监督管理职责的部门等的委托，对有关的安全生产条件、安全产品、安全设备等进行技术性评价、技术性检验、安全认证等，并出具相关报告的机构。安全生产服务中介机构是具有独立法人资格的社会组织，既不同于行政机关，也不同于一般的生产经营单位和事业组织，其依照法律、行政法规和执业准则，依法独立执业，协助政府开展安全生产监督与管理，促进企业安全管理水平的提高。安全生产服务中介机构依法独立履行职责的权利受法律保护，任何单位和个人不得非法干预。安全生产中介服务的领域可以包括金融、工伤保险、科学技术、教育培训、法律咨询、检测检验、事故调查、安全评价、体系认证等各个方面，目前，在我国其主要表现为安全评价和检验检测。

61. 安全生产服务中介机构的设立应具备哪些资质条件？

《安全生产法》第72条规定，承担安全评价、认证、检测、检验职责的机构应当具备国家规定的资质条件。该规定既是对必要的技术人员、管理人员的资格方面的要求，也是对必要的检测、检验设备方面的要求，对必要的组织机构的要求，对建立健全有关检测、检验操作规程的要求等。只有符合国家规定的资质条件，按照法定程序申请登记并获得批准的，方可从事安全生产中介服务活动。

62. 安全生产服务中介机构享有哪些权利?

根据《安全生产法》的有关规定，安全生产服务中介机构和安全专业人员享有以下权利:(1)依法从事的安全生产中介服务工作受法律保护，具有不受侵犯和追究的权利。任何单位和个人均无权干预、剥夺、阻碍其合法活动的权利;(2)有权依照法律、法规和规章、标准的规定，从事授权范围内的有关安全生产业务;(3)接受政府、部门的委托和生产经营单位的聘请，按照委托和约定的有关事项从事安全生产中介服务;(4)有权拒绝从事非法或者服务范围以外的安全生产中介服务;(5)有权依法收取中介服务报酬和费用。

63. 安全生产服务中介机构负有哪些义务?

根据《安全生产法》的有关规定，安全生产服务中介机构和安全专业人员负有以下义务:(1)具备法定条件，依法取得安全生产中介服务资质;(2)建立并实施服务公开和报告公开制度，不得租借资质、挂靠、出具虚假报告;(3)在法律、行政法规规定的行业、领域和业务范围内，按照执业准则，从事合法的、真实的中介服务，不得从事欺诈和虚假的服务;(4)严格按照政府、部门和生产经营单位的委托或者约定，完成所承担的安全生产中介服务事项;(5)接受政府有关主管部门对其进行的检查监督;(6)合理地确定服务报酬和收费标准，不得非法牟利。

64. 安全生产服务中介机构承担什么责任?

根据《安全生产法》第72条的规定，承担安全评价、认证、检测、检验职责的机构应当对其作出的安全评价、认证、检测、检验结果的合法性、真实性负责。此规定包括两方面的含义:(1)安全评价、认证、检测、检验的机构接受委托进行有关的安全评价、认证、检测、检验，必须做到客观、公正，执行规定的程序和操作规则，保证结果的合法性；（2）安全评价、认证、检测、检验机构要对自己作出的安全评价报告和检测、检验结果的真实性、准确性负责，对出具的安全评价报告或者检测、检验结论不实的，要承担相应的法律责任。

第六章　生产安全事故的应急救援与调查处理

65. 如何建立生产安全事故应急救援信息系统?

《安全生产法》第79条规定，国家加强生产安全事故应急能力建设，在重点行业、领域建立应急救援基地和应急救援队伍，并由国家安全生产应急救援机构统一协调指挥；鼓励生产经营单位和其他社会力量建立应急救援队伍，配备相应的应急救援装备和物资，提高应急救援的专业化水平。

国务院应急管理部门牵头建立全国统一的生产安全事故应急救援信息系统，国务院交通运输、住房和城乡建设、水利、民航等有关部门和县级以上地方人民政府建立健全相关行业、领域、地区的生产安全事故应急救援信息系统，实现互联互通、信息共享，通过推行网上安全信息采集、安全监管和监测预警，提升监管的精准化、智能化水平。

66. 哪些部门和单位应当建立生产安全事故应急救援预案？

《安全生产法》第 80 条规定，县级以上地方各级人民政府应当组织有关部门制定本行政区域内生产安全事故应急救援预案，建立应急救援体系。乡镇人民政府和街道办事处，以及开发区、工业园区、港区、风景区等应当制定相应的生产安全事故应急救援预案，协助人民政府有关部门或者按照授权依法履行生产安全事故应急救援工作职责。第 81 条规定，生产经营单位应当制定本单位生产安全事故应急救援预案，与所在地县级以上地方人民政府组织制定的生产安全事故应急救援预案相衔接，并定期组织演练。

67. 生产经营单位制定生产安全事故应急预案应符合哪些要求?

生产经营单位应当根据有关法律、法规和国家其他有关规定，结合本单位的危险源状况、危险性分析情况和可能发生的事故特点，制定相应的应急救援预案。生产经营单位制定生产安全事故应急救援预案应当符合下列基本要求:（1）符合有关法律、法规、规章、标准和安全技术规范的规定;（2）结合本单位的生产经营活动的特点和安全生产实际情况;（3）结合本单位的危险性分析情况，针对本单位的风险隐患特点;（4）应急组织和人员的职责分工明确，并有具体的落实措施;（5）有明确、具体的事故预防措施和应急程序，并与其应急能力相适应;（6）有明确的应急保障措施，并能满足本单位的应急工作要求;（7）预案基本要素齐全、完整，预案附件提供的信息准确;（8）预案内容与相关应急救援预案相互衔接。

68. 生产安全事故应急预案包括哪些种类?

根据《生产安全事故应急预案管理办法》第 6 条的规定，按照针对情况的不同，生产经营单位的应急救援预案可以分为三类:(1)综合应急预案，是指生产经营单位为应对各种生产安全事故而制定的综合性工作方案，是本单位应对生产安全事故的总体工作程序、措施和应急预案体系的总纲。(2)专项应急预案，是指生产经营单位为应对某一种或者多种类型生产安全事故，或者针对重要生产设施、重大危险源、重大活动防止生产安全事故而制定的专项性工作方案。(3)现场处置方案，是指生产经营单位根据不同生产安全事故类型，针对具体场所、装置或者设施所制定的应急处置措施。

69. 所有生产经营单位都需要建立应急救援组织吗?

《安全生产法》第 82 条规定，危险物品的生产、经营、储存单位以及矿山、金属冶炼、城市轨道交通运营、建筑施工单位应当建立应急救援组织；生产经营规模较小的，可以不建立应急救援组织，但应当指定兼职的应急救援人员。可见，危险物品（包括易燃易爆物品、危险化学品、放射性物品等）的生产、经营、存储单位以及矿山、金属冶炼、城市轨道交通运营、建筑施工单位属于高危行业生产经营单位，必须本着高度负责的态度，严格执行国家有关安全生产的相关法律、法规、标准或者安全技术规范的规定，建立健全严格的安全管理规章制度，设置必要的安全防护设施，提高从业人员的素质，保证生产经营活动的安全进行。

70. 生产安全事故发生后，生产经营单位应如何组织抢救？

根据《安全生产法》第 50 条、第 83 条第 2 款的规定，生产经营单位负责人接到事故报告后，应当迅速采取有效措施，组织抢救，防止事故扩大，减少人员伤亡和财产损失，不得在事故调查处理期间擅离职守。生产安全事故发生后，组织抢救是生产经营单位的首要任务。组织抢救包括组织救护组织抢救和从业人员自救。要创造条件以最快的速度、最短的路线，将受伤、窒息的人员运到安全的地点进行急救。此外，组织从业人员自救，对防止事故扩大，减少人员伤亡和财产损失有很大作用。

71. 生产安全事故发生后，有关单位是否应当立即报告？

根据《安全生产法》第83条第2款、《生产安全事故报告和调查处理条例》第9条、第14条的规定，事故发生后，生产经营单位应当立即启动相关应急预案，采取有效处置措施，开展先期应急工作，控制事态发展，并按规定立即如实向当地负有安全生产监督管理职责的部门报告。此外，根据原安全监管总局等部门发布的《关于加强企业应急管理工作意见的通知》，对溢流、井喷、危险化学品泄漏、放射源失控等可能对周边群众和环境产生危害的事故，生产经营单位应在向地方政府和有关部门报告的同时，及时向可能受到影响的单位、职工、群众发出预警信息，标明危险区域，组织、协助应急救援队伍和工作人员救助受害人员，疏散、撤离、安置受到威胁的人员，并采取必要措施防止发生次生、衍生事故。

72. 报告生产安全事故应当包括哪些内容？

《生产安全事故报告和调查处理条例》第12条、第13条规定，报告事故应当包括下列内容：（1）事故发生单位概况；（2）事故发生的时间、地点以及事故现场情况；（3）事故的简要经过；（4）事故已经造成或者可能造成的伤亡人数（包括下落不明的人数）和初步估计的直接经济损失；（5）已经采取的措施；（6）其他应当报告的情况。事故报告后出现新情况的，应当及时补报。自事故发生之日起30日内，事故造成的伤亡人数发生变化的，应当及时补报。道路交通事故、火灾事故自发生之日起7日内，事故造成的伤亡人数发生变化的，应当及时补报。

73. "隐瞒不报"、"谎报"和"迟报"具体是指哪些情形？

隐瞒不报，是指对发生的生产安全事故不进行上报，隐瞒已经发生的事故，并经有关部门查证属实的。谎报，是指不按照国家有关规定对应当上报的事故发生单位概况、事故的发生时间、地点、简要经过、现场情况、已经造成和可能造成的伤亡人数、直接经济损失、事故类别等内容故意不如实报告的。迟报，是指超过《生产安全事故报告和调查处理条例》或者其他国家有关规定要求的时限报告事故情况，包括对事故情况故意拖延不报的。生产经营单位的主要负责人、有关地方人民政府、负有安全生产监督管理职责的部门，对生产安全事故隐瞒不报、谎报或者迟报的，将依法追究行政责任甚至刑事责任。

74. 生产安全事故发生后，有关单位和个人应当如何保护事故现场？

事故发生后，任何单位和个人不得破坏事故现场、毁灭相关证据。事故现场保护的主要任务就是在现场勘查之前，维持现场的原始状态，既不使它减少任何痕迹、物品，也不使它增加任何痕迹、物品。在事故调查组未进入事故现场前，企业应派专人看护现场，保护事故现场，必须根据事故现场的具体情况和周围环境，划定保护区的范围，布置警戒，必要时，将事故现场封锁起来，禁止一切人员进入保护区，即使是保护现场的人员，也不能无故出入，更不能擅自进行勘查，禁止随意触摸或者移动事故现场的任何物品。因抢救人员、防止事故扩大以及疏通交通等原因，需要移动事故现场物件的，应当做出标志，绘制现场简图并做出书面记录，妥善保存现场重要痕迹、物证，并应当尽量使现场少受破坏。同时，移动物件必须经过事故单位负责人或者组织事故调查的应急管理部门和负有安全生产监督管理职责的有关部门的同意。

75. 如何开展事故调查？如何落实整改措施？

《安全生产法》第86条规定，事故调查处理应当按照科学严谨、依法依规、实事求是、注重实效的原则，及时、准确地查清事故原因，查明事故性质和责任，评估应急处置工作，总结事故教训，提出整改措施，并对事故责任者提出处理建议。事故调查报告应当依法及时向社会公布。

事故发生单位应当及时全面落实整改措施，负有安全生产监督管理职责的部门应当加强监督检查。负责事故调查处理的国务院有关部门和地方人民政府应当在批复事故调查报告后一年内，组织有关部门对事故整改和防范措施落实情况进行评估，并及时向社会公开评估结果；对不履行职责导致没有落实事故整改措施的有关单位和人员，应当按照有关规定追究责任。

76. 如何制作事故调查报告？

《生产安全事故报告和调查处理条例》第30条规定，事故调查报告的内容包括：(1)事故发生单位概况；(2)事故发生经过和事故救援情况；(3)事故造成的人员伤亡和直接经济损失；(4)事故发生的原因和事故性质；(5)事故责任的认定以及对事故责任者的处理建议；(6)事故防范和整改措施。事故调查报告应当附具有关证据材料。事故调查组成员应当在事故调查报告上签名。

77. 事故调查报告应当向社会公布吗？

《安全生产法》第 86 条规定了事故调查报告向社会公布的制度，即针对具体的事故调查报告，涉及某一事故的起因、后果、事故责任和调查处理情况等内容，应当依法及时向社会公布。此外，负责事故调查处理的国务院有关部门和地方人民政府应当在批复事故调查报告后一年内，组织有关部门对事故整改和防范措施落实情况进行评估，并及时向社会公开评估结果。

78. 事故调查报告中包含依法应当保密的内容，能否以此为由不向社会公布调查报告？

这里所说的依法应当保密的内容既包括依据《保守国家秘密法》等规定的属于国家秘密的信息，也包括依据其他有关法律、行政法规规定，应当保密的企业商业秘密等。商业秘密，是指不为公众所知悉，能为权利人带来经济利益，具有实用性并经权利人采取保密措施的技术信息和经营信息。向社会公布事故调查报告，对于依法应当保密的内容，不应当向社会公布，但这并不意味着有关地方人民政府和部门能以事故调查报告中某一部分需要保密为由，不予公布，而是应当对事故调查报告的保密部分作出适当处理后，依法予以公布。

79. 生产安全事故的统计分析和公布由哪个部门负责？

《安全生产法》第 89 条规定，县级以上地方各级人民政府应急管理部门应当定期统计分析本行政区域内发生生产安全事故的情况，并定期向社会公布。通过公布生产安全事故情况，生产经营单位可以了解安全生产的形势，结合自身的行业特点采取必要的防范事故的具体措施，不断提高安全生产水平；社会公众也可以对一定时期内发生生产安全事故的情况有所了解，便于监督生产经营单位和政府有关部门的安全生产工作，有利于全社会安全生产意识的提高。需要注意的是，该条规定的安全生产情况公布主要是从统计分析的角度，对某一地区一段时间内生产安全事故的数量、类别、死伤人数、财产损失等综合情况的公布，不同于事故调查报告的公布，不能以公布生产安全事故的总体情况替代对于具体事故调查报告的公布。

第七章　安全生产的法律责任

80. 负有安全生产监督管理职责的部门工作人员的哪些行为会受到处分？

根据《安全生产法》第90条的规定，负有安全生产监督管理职责的部门的工作人员，有下列行为之一的，给予降级或者撤职的处分；构成犯罪的，依照《刑法》有关规定追究刑事责任：（1）对不符合法定安全生产条件的涉及安全生产的事项予以批准或者验收通过的；（2）发现未依法取得批准、验收的单位擅自从事有关活动或者接到举报后不予取缔或者不依法予以处理的；（3）对已经依法取得批准的单位不履行监督管理职责，发现其不再具备安全生产条件而不撤销原批准或者发现安全生产违法行为不予查处的；（4）在监督检查中发现重大事故隐患，不依法及时处理的。

负有安全生产监督管理职责的部门的工作人员有上述规定以外的滥用职权、玩忽职守、徇私舞弊行为的，依法给予处分；构成犯罪的，依照《刑法》有关规定追究刑事责任。

81. 生产经营单位的资金投入不符合法定要求的，将承担什么法律责任？

《安全生产法》第93条规定，生产经营单位的决策机构、主要负责人或者个人经营的投资人不依照本法规定保证安全生产所必需的资金投入，致使生产经营单位不具备安全生产条件的，责令限期改正，提供必需的资金；逾期未改正的，责令生产经营单位停产停业整顿。有前述违法行为，导致发生生产安全事故的，对生产经营单位的主要负责人给予撤职处分，对个人经营的投资人处2万元以上20万元以下的罚款；构成犯罪的，依照《刑法》有关规定追究刑事责任。

82. 生产经营单位主要负责人未履行《安全生产法》规定的安全生产管理职责的，将承担什么法律责任？

《安全生产法》第 21 条明确规定了生产经营单位的主要负责人对本单位安全生产工作负有管理职责。《安全生产法》第 94 条规定，生产经营单位的主要负责人未履行本法规定的安全生产管理职责的，责令限期改正，处 2 万元以上 5 万元以下的罚款；逾期未改正的，处 5 万元以上 10 万元以下的罚款，责令生产经营单位停产停业整顿。生产经营单位的主要负责人有前述违法行为，导致发生生产安全事故的，给予撤职处分；构成犯罪的，依照《刑法》有关规定追究刑事责任。生产经营单位的主要负责人依照前述规定受到刑事处罚或者撤职处分的，自刑罚执行完毕或者受处分之日起，五年内不得担任任何生产经营单位的主要负责人；对重大、特别重大生产安全事故负有责任的，终身不得担任本行业生产经营单位的主要负责人。

83. 存在重大事故隐患的生产经营单位拒不执行负有安全生产监督管理职责的部门依法对其所作的决定的，如何处理？

《安全生产法》第70条规定，负有安全生产监督管理职责的部门依法对存在重大事故隐患的生产经营单位作出停产停业、停止施工、停止使用相关设施或者设备的决定，生产经营单位应当依法执行，及时消除事故隐患。生产经营单位拒不执行，有发生生产安全事故的现实危险的，在保证安全的前提下，经本部门主要负责人批准，负有安全生产监督管理职责的部门可以采取通知有关单位停止供电、停止供应民用爆炸物品等措施，强制生产经营单位履行决定。通知应当采用书面形式，有关单位应当予以配合。负有安全生产监督管理职责的部门依照前述规定采取停止供电措施，除有危及生产安全的紧急情形外，应当提前24小时通知生产经营单位。生产经营单位依法履行行政决定、采取相应措施消除事故隐患的，负有安全生产监督管理职责的部门应当及时解除前述规定的措施。

84. 安全生产服务中介机构出具失实报告或虚假报告的，将承担什么法律责任？

根据《安全生产法》第92条的规定，承担安全评价、认证、检测、检验职责的机构出具失实报告的，责令停业整顿，并处3万元以上10万元以下的罚款；给他人造成损害的，依法承担赔偿责任。

承担安全评价、认证、检测、检验职责的机构租借资质、挂靠、出具虚假报告的，将承担以下法律责任:（1）民事责任。给他人造成损害的，与生产经营单位承担连带赔偿责任。（2）行政责任。包括：没收违法所得；违法所得在10万元以上的，并处违法所得二倍以上五倍以下的罚款；没有违法所得或者违法所得不足10万元的，单处或者并处10万元以上20

万元以下的罚款；对其直接负责的主管人员和其他直接责任人员处5万元以上10万元以下的罚款；对有前述违法行为的机构及其直接责任人员，吊销其相应资质和资格，五年内不得从事安全评价、认证、检测、检验等工作，情节严重的，实行终身行业和职业禁入。(3) 刑事责任。构成犯罪的，依照《刑法》有关规定追究刑事责任。

85. 生产经营单位有安全警示设置以及特种设备管理等方面违反《安全生产法》的行为，将承担什么法律责任?

《安全生产法》第99条规定，生产经营单位有下列行为之一的，责令限期改正，处5万元以下的罚款；逾期未改正的，处5万元以上20万元以下的罚款，对其直接负责的主管人员和其他直接责任人员处1万元以上2万元以下的罚款；情节严重的，责令停产停业整顿；构成犯罪的，依照《刑法》有关规定追究刑事责任:（1）未在有较大危险因素的生产经营场所和有关设施、设备上设置明显的安全警示标志的;（2）安全设备的安装、使用、检测、改造和报废不符合国家标准或者行业标准的;（3）未对安全设备进行经常性维护、保养和定期检测的;（4）关闭、破坏直接关系生产安全的监控、报警、防护、救生设备、设施，或者篡改、隐瞒、销毁其相关数据、信息的;（5）未为从业人员提供符合国家标准或者行业标准的劳动防护用品的;（6）危险物品的容器、运输工具，以及涉及人身安全、危险性较大的海洋石油开采特种设备和矿山井下特种设备未经具有专业资质的机构检测、检验合格，取得安全使用证或者安全标志，投入使用的;（7）使用应当淘汰的危及生产安全的工艺、设备的;（8）餐饮等行业的生产经营单位使用燃气未安装可燃气体报警装置的。

86. 生产经营单位在从事与危险物品有关的活动、对重大危险源的管理等方面违反《安全生产法》的，将承担什么法律责任？

《安全生产法》第101条规定，生产经营单位有下列行为之一的，责令限期改正，处10万元以下的罚款；逾期未改正的，责令停产停业整顿，并处10万元以上20万元以下的罚款，对其直接负责的主管人员和其他直接责任人员处2万元以上5万元以下的罚款；构成犯罪的，依照《刑法》有关规定追究刑事责任：（1）生产、经营、运输、储存、使用危险物品或者处置废弃危险物品，未建立专门安全管理制度、未采取可靠的安全措施的；（2）对重大危险源未登记建档，未进行定期检测、评估、监控，未制定应急预案，或者未告知应急措施的；（3）进行爆破、吊装、动火、临时用电以及国务院应急管理部门会同国务院有关部门规定的其他危险作业，未安排专门人员进行现场安全管理的；（4）未建立安全风险分级管控制度或者未按照安全风险分级采取相应管控措施的；（5）未建立事故隐患排查治理制度，或者重大事故隐患排查情况未按照规定报告的。

87. 生产经营单位未采取措施消除事故隐患的，将承担什么法律责任？

《安全生产法》第102条规定，生产经营单位未采取措施消除事故隐患的，责令立即消除或者限期消除，处5万元以下的罚款；生产经营单位拒不执行的，责令停产停业整顿，对其直接负责的主管人员和其他直接责任人员处5万元以上10万元以下的罚款；构成犯罪的，依照《刑法》有关规定追究刑事责任。此外，根据该法第112、113条的规定，被责令改正并罚款，拒不改正的，可以按日连续处罚；拒不停产整顿的，应当提请地方人民政府予以关闭。

88. 矿山、金属冶炼建设项目的施工单位非法转让施工资质的，将承担什么法律责任？

《安全生产法》第103条规定，矿山、金属冶炼建设项目和用于生产、储存、装卸危险物品的建设项目的施工单位未按照规定对施工项目进行安全管理的，责令限期改正，处10万元以下的罚款，对其直接负责的主管人员和其他直接责任人员处2万元以下的罚款；逾期未改正的，责令停产停业整顿。以上施工单位倒卖、出租、出借、挂靠或者以其他形式非法转让施工资质的，责令停产停业整顿，吊销资质证书，没收违法所得；违法所得10万元以上的，并处违法所得二倍以上五倍以下的罚款，没有违法所得或者违法所得不足10万元的，单处或者并处10万元以上20万元以下的罚款；对其直接负责的主管人员和其他直接责任人员处5万元以上10万元以下的罚款；构成犯罪的，依照《刑法》有关规定追究刑事责任。

89. 生产经营单位员工宿舍的设置违反《安全生产法》的，将承担什么法律责任？

《安全生产法》第105条规定，生产经营单位有下列行为之一的，责令限期改正，处5万元以下的罚款，对其直接负责的主管人员和其他直接责任人员处1万元以下的罚款；逾期未改正的，责令停产停业整顿；构成犯罪的，依照《刑法》有关规定追究刑事责任：（1）生产、经营、储存、使用危险物品的车间、商店、仓库与员工宿舍在同一座建筑内，或者与员工宿舍的距离不符合安全要求的；（2）生产经营场所和员工宿舍未设有符合紧急疏散需要、标志明显、保持畅通的出口、疏散通道，或者占用、锁闭、封堵生产经营场所或者员工宿舍出口、疏散通道的。

90. 生产经营单位与从业人员签订“生死合同”的，将承担什么法律责任？

所谓“生死合同”，是指生产经营单位与从业人员订立协议，免除或者减轻其对从业人员因生产安全事故伤亡依法应承担的责任协议。为了强化主要负责人和投资人的责任意识，以敦促其依法办事、杜绝此类事件的发生，《安全生产法》第106条规定，生产经营单位与从业人员订立协议，免除或者减轻其对从业人员因生产安全事故伤亡依法应承担的责任的，该协议无效；对生产经营单位的主要负责人、个人经营的投资人处2万元以上10万元以下的罚款。

91. 生产经营单位违章指挥、强令冒险作业的，将承担什么法律责任？

《安全生产法》第54条第2款明确规定，生产经营单位不得因从业人员拒绝违章指挥、强令冒险作业而降低其工资、福利等待遇或者解除与其订立的劳动合同。根据《劳动合同法》第 32 条、第 38 条的规定，劳动者拒绝用人单位管理人员违章指挥、强令冒险作业的，不视为违反劳动合同，如果违章指挥、强令作业危及劳动者人身安全，劳动者可以立即解除劳动合同，无需事先告知用人单位。

同时，《劳动合同法》第 88 条规定，用人单位有违章指挥或者强令冒险作业危及劳动者人身安全的行为的，依法给予行政处罚；构成犯罪的，依法追究刑事责任；给劳动者造成损害的，应当承担赔偿责任。《刑法》第 134 条第 2 款规定，强令他人违章冒险作业，或者明知存在重大事故隐患而不排除，仍冒险组织作业，因而发生重大伤亡事故或者造成其他严重后果的，处五年以下有期徒刑或者拘役；情节特别恶劣的，处五年以上有期徒刑。

92. 生产经营单位的从业人员不落实岗位安全责任，违章操作的，将承担什么法律责任？

《安全生产法》第107条规定，生产经营单位的从业人员不落实岗位安全责任，不服从管理，违反安全生产规章制度或者操作规程的，由生产经营单位给予批评教育，依照有关规章制度给予处分；构成犯罪的，依照《刑法》有关规定追究刑事责任。

93. 生产经营单位拒绝、阻碍依法实施监督检查，应承担什么法律责任？

《安全生产法》第108条规定，违反本法规定，生产经营单位拒绝、阻碍负有安全生产监督管理职责的部门依法实施监督检查的，责令改正；拒不改正的，处2万元以上20万元以下的罚款；对其直接负责的主管人员和其他直接责任人员处1万元以上2万元以下的罚款；

构成犯罪的，依照《刑法》有关规定追究刑事责任。此外，阻碍国家机关工作人员依法执行职务的，按照《治安管理处罚法》第 50 条的有关规定给予治安管理处罚，处警告或者 200 元以下罚款；情节严重的，处五日以上十日以下拘留，可以并处 500 元以下罚款。以暴力、威胁方法阻碍国家机关工作人员依法执行职务的，按照《刑法》第 277 条第 1 款的规定，构成妨害公务罪，处三年以下有期徒刑、拘役、管制或者罚金。

94. 高危行业、领域的生产经营单位未按照国家规定投保安全生产责任保险的，应承担什么法律责任？

《安全生产法》第 109 条规定，高危行业、领域的生产经营单位未按照国家规定投保安全生产责任保险的，责令限期改正，处 5 万元以上 10 万元以下的罚款；逾期未改正的，处 10 万元以上 20 万元以下的罚款。此条是 2021 年修正的《安全生产法》新增规定，体现了国家严格执行对高危行业、领域的生产经营单位强制投保安全生产责任保险。

95. 有关地方人民政府、负有安全生产监督管理职责的部门对生产安全事故隐瞒不报、谎报或者迟报的，将承担什么法律责任？

《安全生产法》第111条规定，有关地方人民政府、负有安全生产监督管理职责的部门，对生产安全事故隐瞒不报、谎报或者迟报的，对直接负责的主管人员和其他直接责任人员依法给予处分；构成犯罪的，依照《刑法》第139条之一关于不报、谎报安全事故罪的有关规定，规定追究刑事责任。

96. 生产经营单位违反《安全生产法》，拒不改正的，会有什么法律后果？

《安全生产法》第112条规定，生产经营

单位违反本法规定，被责令改正且受到罚款处罚，拒不改正的，负有安全生产监督管理职责的部门可以自作出责令改正之日的次日起，按照原处罚数额按日连续处罚。

97. 哪些情形下，生产经营单位将被安全生产监督管理部门提请政府关闭，并依法吊销有关证照？

《安全生产法》第 113 条规定，生产经营单位存在下列情形之一的，负有安全生产监督管理职责的部门应当提请地方人民政府予以关闭，有关部门应当依法吊销其有关证照。生产经营单位主要负责人五年内不得担任任何生产经营单位的主要负责人；情节严重的，终身不得担任本行业生产经营单位的主要负责人：（1）存在重大事故隐患，180 日内 3 次或者一年内 4 次受到本法规定的行政处罚的；（2）经停产停业整顿，仍不具备法律、行政法规和国家标准或者行业标准规定的安全生产条件的；

（3）不具备法律、行政法规和国家标准或者行业标准规定的安全生产条件，导致发生重大、特别重大生产安全事故的；（4）拒不执行负有安全生产监督管理职责的部门作出的停产停业整顿决定的。

98. 发生生产安全事故，事故单位将被处以多少罚款？

《安全生产法》第114条规定，发生生产安全事故，对负有责任的生产经营单位除要求其依法承担相应的赔偿等责任外，由应急管理部门依照下列规定处以罚款：（1）发生一般事故的，处30万元以上100万元以下的罚款；（2）发生较大事故的，处100万元以上200万元以下的罚款；（3）发生重大事故的，处200万元以上1000万元以下的罚款；（4）发生特别重大事故的，处1000万元以上2000万元以下的罚款。发生生产安全事故，情节特别严重、社会影响特别恶劣的，应急管理部门可以按照前述罚款数额的二倍以上五倍以下对负有责任的生产经营单位处以罚款。

99. 生产经营单位发生生产安全事故造成人员死亡、他人财产损失的，应当如何承担赔偿责任？

《安全生产法》第 116 条规定，生产经营单位发生生产安全事故造成人员伤亡、他人财产损失的，应当依法承担赔偿责任；拒不承担或者其负责人逃匿的，由人民法院依法强制执行。生产安全事故的责任人未依法承担赔偿责任，经人民法院依法采取执行措施后，仍不能对受害人给予足额赔偿的，应当继续履行赔偿义务；受害人发现责任人有其他财产的，可以随时请求人民法院执行。

100.《安全生产法》规定的行政处罚由哪些机关决定？

《安全生产法》第 115 条规定，本法规定的行政处罚，由应急管理部门和其他负有安全生产监督管理职责的部门按照职责分工决定；其中，根据本法第95条、第110条、第114条的规定应当给予民航、铁路、电力行业的生产经营单位及其主要负责人行政处罚的，也可以由主管的负有安全生产监督管理职责的部门进行处罚。予以关闭的行政处罚由负有安全生产监督管理职责的部门报请县级以上人民政府按照国务院规定的权限决定；给予拘留的行政处罚由公安机关依照治安管理处罚的规定决定。

图书在版编目（CIP）数据

安全生产法学习百问百答/中国法制出版社编．—
北京：中国法制出版社，2021.6（2021.10重印）
ISBN 978－7－5216－1967－6

Ⅰ.①安… Ⅱ.①中… Ⅲ.①安全生产法－中国－
问题解答 Ⅳ.①D922.545

中国版本图书馆 CIP 数据核字（2021）第 109463 号

责任编辑 薛强　　封面设计 蒋怡

安全生产法学习百问百答

ANQUAN SHENGCHANFA XUEXI BAIWEN BAIDA

经销/新华书店
印刷/三河市国英印务有限公司
开本/880 毫米×1230 毫米 64 开　　印张/1.75　字数/32 千
版次/2021 年 6 月第 1 版　　2021 年 10 月第 3 次印刷

中国法制出版社出版
书号 ISBN 978－7－5216－1967－6　　定价：10.00 元

北京西单横二条 2 号
邮政编码 100031　　传真：010－66031119
网址：http://www.zgfzs.com　　编辑部电话：010－63141798
市场营销部电话：010－66033393　　邮购部电话：010－66033288

（如有印装质量问题，请与本社印务部联系调换。电话：010－66032926）

ISBN 978-7-5216-1967-6

9 787521 619676 >